EMPEZAR SU PROPIO NEGOCIO.

EMPEZAR SU PROPIO NEGOCIO

Serie "Riqueza 2022"
Por: D.K. Hawkins
Versión 1.1 ~Diciembre 2021
Publicado por D.K. Hawkins en KDP
Copyright ©2021 por D.K. Hawkins. Todos los derechos reservados.

Ninguna parte de esta publicación puede ser reproducida, distribuida o transmitida en cualquier forma o por cualquier medio, incluyendo fotocopias, grabaciones u otros métodos electrónicos o mecánicos, o por cualquier sistema de almacenamiento o recuperación de información, sin el permiso previo por escrito de los editores, excepto en el caso de citas muy breves incorporadas en reseñas críticas y algunos otros usos no comerciales permitidos por la ley de derechos de autor.

Quedan reservados todos los derechos, incluido el de reproducción total o parcial en cualquier formato.

Toda la información contenida en este libro se ha investigado cuidadosamente y se ha comprobado su exactitud. Sin embargo, el autor y el editor no garantizan, expresa o implícitamente, que la información contenida en este libro sea apropiada para cada individuo, situación o propósito y no asumen ninguna responsabilidad por errores u omisiones.

El lector asume el riesgo y la plena responsabilidad de todas sus acciones. El autor no será responsable de ninguna pérdida o daño, ya sea consecuente, incidental, especial o de otro tipo, que pueda resultar de la información presentada en este libro.

Todas las imágenes son de uso gratuito o han sido adquiridas en sitios de fotografías de stock o libres de derechos para su uso comercial. Para la elaboración de este libro me he basado en mis propias observaciones y en muchas fuentes diferentes, y he hecho todo lo posible por comprobar los hechos y dar el crédito que corresponde. Si se utiliza algún material sin la debida autorización, le ruego que se ponga en contacto conmigo para corregir el error.

La información proporcionada en este libro tiene únicamente fines informativos y no pretende ser una fuente de asesoramiento o análisis crediticio con respecto al material presentado. La información y/o los documentos contenidos en este libro no constituyen un asesoramiento legal o financiero y nunca deben utilizarse sin consultar primero con un profesional financiero para determinar qué puede ser lo mejor para sus necesidades individuales.

El editor y el autor no ofrecen ninguna garantía ni promesa sobre los resultados que puedan obtenerse al utilizar el contenido de este libro. Nunca debe tomar ninguna decisión de inversión sin consultar primero con su propio asesor financiero y realizar su propia investigación y diligencia debida. En la medida en que lo permita la ley, el editor y el autor renuncian a toda responsabilidad en caso de que la información, los comentarios, los análisis, las opiniones, los consejos y/o las recomendaciones contenidas en este libro resulten ser inexactos, incompletos o poco fiables o den lugar a pérdidas de inversión o de otro tipo.

El contenido de este libro no pretende constituir ni constituye un asesoramiento jurídico o de inversión, y no se establece ninguna relación abogado-cliente. El editor y el autor proporcionan este libro y su contenido "tal cual". El uso que usted haga de la información contenida en este libro es por su cuenta y riesgo.

Contenido

Introducción: 6
Capítulo no.1 10
Iniciar un nuevo negocio. 10
2. **Redactar un plan de negocio:** 13
3. **Sus finanzas.** 15
4. **Estructura legal de la empresa:** 20
5. **Adquirir una póliza de seguro** 25
8. **Marca y publicidad.** 28
9. **Haga crecer su negocio.** 30
Capítulo no.2 33
Empezar un negocio sin dinero. 33
Registro de LLP con opción de EMI. 34
Vender en portales de comercio electrónico. 34
Empezar a prestar servicios. 34
Plan de negocio. 35
Regímenes gubernamentales. 36
Capítulo no.3 41
Empezar un negocio (sin experiencia) 41
El viaje de tu vida. 63
Capítulo no.4 65
Iniciar un nuevo negocio en casa. 65
Capítulo no.5 72
Las empresas más rentables en 2022. 72

Las pequeñas empresas más rentables....................................73
Por último, pero no menos importante. 84
Conclusión:..85

Introducción:

Las mentes audaces llevan a cabo acciones ambiciosas, y montar un negocio es una de las más ambiciosas. Es fundamental entender en qué te estás metiendo si tienes un gran concepto o quieres ampliar una pequeña empresa. He aquí cómo empezar desde cero y convertir tus ideas y recursos en algo que valga la pena. Puede parecer abrumador al principio, y cuanto más estudies, más sencillo será. Una cosa que hay que tener en cuenta es que si has elegido entrar en una empresa por las razones ideales, al final tendrás éxito. Cuando se trata de desarrollar un futuro financiero sólido a través de la iniciativa empresarial, el conocimiento previo, la estructura y una mente tranquila le ayudarán mucho.

Poner en marcha un negocio conlleva una serie de operaciones destinadas a crear la empresa. El proceso implica el desarrollo de un concepto de negocio (llamado desarrollo del concepto), el estudio de la viabilidad de la idea y la elaboración de un plan de negocio. Un empresario es una persona que crea una nueva empresa. Esta persona asume los riesgos financieros asociados a la puesta en marcha, el funcionamiento y la gestión de la empresa. Un empresario puede tratar de crear una pequeña empresa en propiedad exclusiva (un negocio que pertenece y es gestionado por una sola persona) o ampliar su empresa hasta convertirla en una gran corporación multinacional. Cualquier empresa, independientemente de su tamaño, requiere un compromiso financiero. Los empresarios que desean lanzar negocios o corporaciones importantes suelen acudir a los capitalistas de riesgo para obtener financiación a cambio de una parte de la propiedad, conocida como capital. Una vez que la empresa está en marcha, el empresario puede obtener fondos adicionales (capital) vendiendo acciones al público en una oferta pública inicial (OPI), que es la primera venta de acciones de la empresa.

Para prosperar, una empresa debe ser distintiva, independientemente de su tamaño. Muchas empresas importantes y exitosas empezaron como pequeños negocios con un concepto empresarial único que los diferenciaba de la competencia. Un empresario debe estar seguro de que su idea de negocio proporciona a los clientes un producto o servicio fantástico. El empresario también debe entender quiénes son sus clientes objetivo y qué productos prefieren. Además, el nuevo presidente de la empresa debe tener un objetivo para mantener y ampliar la empresa durante el primer año y más allá. En el plan empresarial se pueden incluir objetivos a corto plazo, de 6 a 12 meses, y a largo plazo, de 2 a 5 años. Las primeras etapas de la planificación de una nueva idea de negocio pueden ser difíciles, pero son fundamentales para otras áreas del desarrollo de la empresa. El propietario de un negocio debe responder a varias preguntas críticas sobre la empresa: ¿Qué espera conseguir el empresario? ¿En qué consiste el producto o servicio de la empresa? ¿Qué tamaño tendrá la empresa? ¿Cuántos empleados tendrá la empresa, si es que los tiene, y cómo se gestionarán? ¿Quiénes serán los clientes de la empresa?

Durante la fase de investigación de la planificación empresarial, los clientes potenciales pueden proporcionar información útil al propietario de la empresa. Durante las primeras etapas de la creación de una empresa, muchos propietarios de nuevos negocios realizan encuestas a los clientes para conocer mejor los hábitos, requisitos y comportamientos de sus consumidores. El propietario de la empresa debe determinar qué necesidades insatisfechas tienen los clientes y cómo las abordará la nueva empresa. Las impresiones de los clientes sobre los competidores y la nueva empresa, tanto favorables como desfavorables, pueden ser muy útiles para organizar los esfuerzos de ventas y marketing. Los clientes y su grado de satisfacción con los bienes y servicios de una empresa son importantes. El propietario de la empresa debe comprender cómo afectará la empresa a los clientes y cómo se medirá su satisfacción. La competencia, u otras empresas del mismo sector que la nueva empresa, pueden proporcionar información valiosa. Los competidores y sus productos pueden revelar lo que falta y cómo la nueva empresa puede llenar un vacío. Para identificar cómo la nueva empresa puede mejorar lo que ofrece la competencia, el empresario debe examinar cuidadosamente el enfoque del competidor y su posición en el mercado.

El empresario se enfrenta a enormes obstáculos a la hora de presupuestar y obtener los fondos necesarios para lanzar una nueva empresa. Las previsiones financieras son un tipo de estudio empresarial que analiza cómo va a ganar dinero una empresa, cuánto va a gastar y qué potencial tiene para crear dinero. El volumen y la oferta de capital inicial, las expectativas de ventas y el dinero que la empresa gastará actualmente en alquileres, seguros, salarios y otros costes operativos se incluyen en las previsiones financieras de una nueva empresa. El propietario del negocio también debe saber cómo pagará la empresa a los proveedores que le proporcionan las materias primas que necesita y cómo se cobrará el pago de los clientes. El propietario de la empresa debe determinar cómo funcionarán estas cuentas en conjunto para que la organización siga siendo rentable. Los avances tecnológicos han modificado radicalmente la forma de fundar y dirigir nuevas empresas. A finales del siglo XX, las empresas podían utilizar el correo electrónico e Internet para agilizar los contactos con proveedores y consumidores, realizar estudios de mercado, gestionar los impuestos y otras muchas tareas. Otras tecnologías, como el asistente digital personal (PDA) y el teléfono móvil, permitieron a los empresarios enviar y recibir un correo electrónico, hacer llamadas telefónicas y navegar por Internet en cualquier momento del día desde sus casas, oficinas o mientras viajaban. Las pequeñas empresas tienen ahora acceso a herramientas de alta tecnología que antes estaban al alcance exclusivo de las grandes organizaciones. Una pequeña empresa, por ejemplo, puede ahora construir su sitio web (una red de acceso restringido que permite a una empresa comunicar recursos, como políticas organizativas, declaraciones o información sobre nuevos productos, con sus empleados sin que la información privada sea visible para personas ajenas a la empresa). Las pequeñas empresas utilizan el mercado global en línea para relacionarse con personas de todo el mundo. El sitio web de una empresa se ha convertido en una herramienta de marketing fundamental. Los clientes exigen un alto grado de información, facilidad y trato personalizado en el sitio web de una empresa debido a las infinitas oportunidades de investigación que ofrece Internet.

Capítulo no.1

Iniciar un nuevo negocio.

¿Desea crear una nueva pequeña empresa? Aprenda cómo empezar y cómo tener éxito.

- Quieres asegurarte de que has hecho tu trabajo antes de lanzar un negocio, pero también eres consciente de que el mundo puede ir mal. Debes adaptarte a las condiciones cambiantes para que tu organización tenga éxito.

- Realizar un estudio de mercado detallado sobre su sector y la demografía de su mercado objetivo es un aspecto fundamental a la hora de diseñar una estrategia empresarial.

- Antes de limitarse a vender su producto o servicio, debe crear su identidad y desarrollar un grupo de consumidores que estén dispuestos a comprar cuando abra sus puertas.

- Este ensayo está destinado a los empresarios interesados en comprender los fundamentos del lanzamiento de una nueva empresa.

Las responsabilidades obvias, como poner nombre a la empresa y desarrollar un logotipo, están muy bien, pero ¿qué pasa con los pasos más pequeños, pero igualmente cruciales? El trabajo puede acumularse rápidamente, tanto si se trata de establecer la estructura de la empresa como de elaborar una estrategia de marketing precisa. En lugar de encontrar el camino y preguntarse por dónde empezar, sigue este proceso de 10 pasos para transformar tu concepto en un negocio sostenible.

1. Perfeccione su idea.

Si está pensando en crear un negocio, es de suponer que ya tiene una idea de lo que le gustaría ofrecer en línea o, al menos, del mercado al que le gustaría acceder. Realice una búsqueda rápida de las empresas existentes en el campo que ha elegido. ¿Qué es lo que están haciendo los líderes de las marcas establecidas y cómo puede usted mejorarlo? Si cree que su empresa puede hacer algo que otras no pueden (o dar el mismo servicio pero a menor coste), o si tiene una buena idea y está preparado para construir un plan de negocio.

Defina su "por qué."

Siempre hay que empezar por el porqué", como dice Simon Sinek, " Business News Daily charló con Glenn Gutek, director general de Awake Consultation and Coaching. "Es crucial entender por qué estás creando tu empresa. Durante esta etapa, es vital determinar si la empresa cumple con un motivo personal o empresarial. El lugar de su negocio siempre será mayor que el de una firma que se forma para responder a una necesidad personal cuando su razón de ser se centra en satisfacer una necesidad del mercado."

Considere la posibilidad de una franquicia.

Otra alternativa es abrir una franquicia de un negocio conocido. El concepto, el reconocimiento de la marca y el plan de negocio ya están en marcha; todo lo que necesita ahora es una ubicación adecuada y financiación suficiente.

Piensa en el nombre de tu empresa.

Es vital comprender la razón de ser de su sugerencia, independientemente de su decisión. Como propietaria de un negocio, Stephanie Desaulniers, de Dezign, y antigua directora de operaciones y programas de creación de redes empresariales en Covation Center, recomienda a los empresarios que elaboren un plan de negocio o que den con un nombre de trabajo antes de establecer el valor de su concepto.

Aclare sus clientes objetivo:

Según este propietario, Desaulniers, demasiada gente se precipita a lanzar un negocio sin contemplar primero a sus consumidores y por qué querrían comprarles o contratarles. "Hay que explicar por qué se quiere cooperar con estos clientes: ¿te entusiasma hacer la vida de la gente más fácil?". Según Desaulniers. "¿O adoran hacer arte para ofrecer color a su entorno? Identificar estas respuestas ayuda a definir su objetivo. En tercer lugar, tendrá que resolver cómo ofrecerá este valor a sus consumidores y cómo lo comunicará a sus clientes cuando se sientan inclinados a pagar dinero por ello". Durante el proceso de ideación es cuando hay que limar los detalles más esenciales. Si tu concepto no es algo que te entusiasme, o si no hay un mercado para él, es el momento de idear otros nuevos.

2. Redactar un plan de negocio:

Una vez que haya concretado su concepto, tendrá que hacerse algunas preguntas cruciales: ¿Cuál es el objetivo de su empresa? ¿A quién quiere hacer publicidad? ¿Cuáles son sus objetivos principales? ¿Cómo va a sufragar los costes iniciales? Un plan de empresa bien redactado puede dar respuesta a estas cuestiones. Las nuevas empresas dan muchos pasos en falso porque se precipitan sin pensar en estos componentes de la organización. Debe determinar su mercado objetivo. ¿Quién comprará sus productos o servicios? ¿De qué sirve seguir con su concepto si no puede establecer que hay un mercado para él?

Realizar estudios de mercado:

Llevar a cabo un estudio de mercado detallado sobre su sector y los datos demográficos de los consumidores potenciales es un elemento fundamental para diseñar un plan de negocio. La realización de encuestas, la formación de grupos de discusión y la evaluación de datos públicos y de SEO forman parte de este proceso. La investigación de mercado le ayuda a conocer mejor a su consumidor objetivo, incluyendo sus demandas, sus gustos, así como sus comportamientos. También debe conocer su sector y sus rivales particulares. Para evaluar mejor el potencial y las restricciones de su negocio, varios profesionales de las pequeñas empresas abogan por adquirir datos demográficos y completar un estudio de la competencia. Las pequeñas empresas más singulares ofrecerán sus productos o servicios únicos que les diferenciarán de sus competidores. Esto tiene una enorme influencia en su entorno competitivo, y le permite expresar un valor diferenciado a los consumidores potenciales.

Considerar una estrategia de salida:

Al mismo tiempo que se establece el plan de la empresa, también es una buena idea considerar un plan de escape. Elaborar un plan para saber exactamente cómo quiere dejar su trabajo actual requiere planificación. "Con demasiada frecuencia, los nuevos empresarios están tan entusiasmados con su negocio y tan seguros de que todo el mundo en todas partes será un cliente que dan muy poco tiempo, o ninguno, para ilustrar cómo quieren salir de la empresa", dijo Josh Tolley. Entonces, ¿hay una forma óptima de abandonar? ¿Cuál es su estrategia de salida? He visto a muchos líderes empresariales que no tienen al menos tres o cuatro estrategias de salida en todo momento. Esto se traduce en una reducción de la rentabilidad de la empresa e incluso en la ruptura de las relaciones familiares. Un plan de negocio que se actualice constantemente puede ayudarle a averiguar a dónde quiere llevar su empresa. Qué hará para llegar hasta allí, cómo piensa hacerlo exactamente y qué necesitará a largo plazo para mantenerla en marcha.

3. Sus finanzas.

Todo inicio de negocio conlleva un coste, por lo que tendrás que calcular cómo lo vas a pagar. ¿Eres capaz de mantener tu empresa de forma independiente, o tendrás que pedir un préstamo? ¿Tienes suficiente dinero guardado para mantenerte hasta que obtengas beneficios si decides dejar tu puesto actual para centrarte en tu negocio? Es mejor que averigüe cuáles serán sus primeros costes. Muchas empresas fracasan porque no tienen dinero en efectivo antes de alcanzar el éxito. Es un acierto sobrestimar la cantidad de dinero inicial que necesitarás porque puede pasar mucho tiempo hasta que la empresa empiece a obtener ingresos fiables.

Analizar el punto de equilibrio.

Un análisis de soplo es una forma de averiguar cuánto dinero se necesitará. Es un componente importante de la planificación financiera, ya que ayuda a los propietarios de empresas a determinar cuándo será rentable su empresa, producto o servicio. La fórmula es sencilla y clara:

- Gasto fijo /(Precio medio - Coste relevante) = Punto de golpe.

Todo empresario debería emplear esta fórmula como herramienta, ya que le indica el rendimiento mínimo que necesita su empresa para no perder dinero. También le ayuda a comprender de dónde proceden sus ventas para poder establecer los objetivos de producción en consecuencia. Las tres razones más típicas para realizar un análisis de equilibrio son las siguientes:

1. Establecer un margen de beneficios. Es, en general, la principal prioridad de todo empresario. Compruebe la siguiente pregunta: ¿Cuántos ingresos necesito para cubrir todos mis gastos? Qué productos o servicios dan beneficios y cuáles dan pérdidas?

2. Determine el coste de los bienes o servicios. Cuando la mayoría de la gente piensa en la fijación de precios, evalúa cuánto cuesta fabricar su producto y cómo sus competidores fijan el precio del suyo. Considere cuáles son las tarifas fijas, los costes variables y el coste total. ¿Cuál es el precio de otros artículos? Cuál es el coste de su mano de obra?

3. Examina la información. ¿Qué volumen de productos o servicios debe vender para obtener beneficios? Piensa en la siguiente pregunta: ¿Cómo puedo reducir mis costes fijos globales? ¿Cómo puedo reducir los costes variables por unidad? ¿Qué puedo hacer para aumentar las ventas?

Vigila tus gastos al empezar:

Cuando empiece a lanzar su negocio, sea siempre consciente de sus gastos. Asegúrese de saber qué compras necesita para su negocio. Intente evitar gastar en exceso en equipos nuevos y caros. Los usados funcionan igual de bien. Si gasta menos en equipos usados, podrá tener dinero para cosas más importantes. Haz un seguimiento de los gastos de tu empresa para asegurarte de que estás en el buen camino. "Muchas empresas malgastan el dinero en cosas que no son necesarias", dice Jean Paldan, director general de Rare Form New Media. "Trabajamos con una startup de dos personas que gastó mucho dinero en un espacio de oficina en el que cabían 20 personas". También alquilaron una impresora que se percibía más excelente, con tarjetas disponibles para controlar quién producía qué y cuándo, lo que era más adecuado para un equipo de 100 personas. Cuando se empieza, hay que gastar lo menos posible y sólo en los productos necesarios para desarrollarse y prosperar. Cuando te hayas establecido, los lujos vendrán."

Considere sus opciones de financiación.

El dinero para poner en marcha su negocio puede proceder de diversas fuentes. La mejor manera de determinar de dónde vendrá el dinero para su negocio viene determinada por varios factores. Estos factores pueden incluir su solvencia, la cantidad que pide y todas las opciones disponibles.

1. Préstamos comerciales. Un lugar perfecto para empezar es pedir un préstamo comercial a un banco si necesita dinero, aunque suelen ser difíciles de conseguir. Si no puedes conseguir un préstamo bancario, puedes solicitar un préstamo comercial a

través de la Administración de Pequeñas Empresas (SBA) u otro prestamista.

2. Subvenciones para pequeñas empresas. Las subvenciones para empresas son similares a los préstamos en el sentido de que no hay que devolverlas. Las subvenciones para empresas suelen ser muy competitivas y vienen acompañadas de normas que deben cumplirse para que la empresa sea considerada. Cuando solicite una subvención para una pequeña empresa, busque las que se ajusten a su situación particular. Las subvenciones para empresas propiedad de minorías, los premios para empresas propiedad de mujeres y las subvenciones del gobierno son todas opciones.

3. Inversores. Las empresas de nueva creación que requieren una cantidad sustancial de dinero por adelantado pueden querer explorar la posibilidad de contratar a un inversor. Se pueden invertir millones de dólares y más en una empresa incipiente, entendiendo que los patrocinadores participarán activamente en las operaciones diarias.

4. Crowdfunding. Otra posibilidad es establecer una campaña de crowdfunding para recaudar modestas sumas de dinero de un número significativo de personas. En los últimos años, el crowdsourcing ha beneficiado a varias organizaciones, y hay cientos de plataformas de crowdfunding fiables creadas para diversas empresas.

Elija el mejor banco para empresas:

A la hora de elegir un banco para empresas, el tamaño sí importa. Según Marcus Anwar, cofundador de OH My Canada, los pequeños bancos comunitarios locales pueden estar en sintonía con las condiciones del mercado local. Estos bancos se esforzarán más por usted en función de su carácter y perfil empresarial. "No son como los grandes bancos, que se fijan en tu puntuación de crédito y son más exigentes a la hora de prestar dinero a las pequeñas empresas", explica Anwar. "No sólo eso, sino que los bancos pequeños quieren desarrollar una relación personal contigo y, al final, te ayudan si tienes problemas y te retrasas en los pagos". Otra ventaja de los bancos comunitarios es que las decisiones se toman en la sucursal, lo que puede ser más rápido que las decisiones tomadas a un nivel superior en los bancos más grandes". A la hora de elegir un banco para su empresa, Anwar cree que debe hacerse las siguientes preguntas:

- ¿Qué es lo más importante para mí?

- ¿Quiero tener una relación estrecha con un banco que esté dispuesto a ayudarme en todo?

- ¿Quiero que los grandes bancos me vean como una cuenta bancaria más?

Al final, el mejor banco para su empresa viene determinado por sus necesidades. Hacer una lista de sus necesidades bancarias puede ayudarle a centrarse en lo que debe buscar. Para identificar el banco ideal para su empresa, programe reuniones con varios bancos y pregunte cómo operan con las pequeñas empresas.

4. Estructura legal de la empresa:

Determine primero el tipo de entidad de su empresa antes de registrarla. Al asegurarse legalmente de que está protegida, se asegurará de cómo presentar los impuestos e incluso de cuál será su responsabilidad fiscal, así como de qué ocurrirá si las cosas van mal.

- Una empresa unipersonal es un negocio que pertenece y es gestionado por una sola persona. Puede registrarse en una empresa unipersonal si es dueño de la empresa en su totalidad y tiene la intención de ser el único responsable de todas las deudas y obligaciones. Tenga en cuenta que emplear esta estrategia puede influir negativamente en su crédito.

- Sociedad. Una sociedad mercantil significa que dos o más personas son responsables individualmente como propietarios de la empresa, como su nombre indica. Si puede identificar un socio comercial con cualidades positivas a las suyas, no tendrá que hacerlo solo. Es una buena idea contratar a alguien que ayude a su organización a prosperar.

- Sociedad anónima. Considere la posibilidad de fundar una de las distintas formas de sociedad si quiere separar su responsabilidad de la empresa (por ejemplo, sociedad S, sociedad C o sociedad B). Aunque cada corporación tiene su propio conjunto de reglas, esta estructura legal generalmente separa un negocio de sus propietarios, permitiendo a las empresas poseer propiedades, aceptar responsabilidades, pagar impuestos, celebrar contratos, demandar y ser demandadas de la misma manera que los individuos. "Las sociedades, sobre todo las de tipo C, son especialmente adecuadas para las empresas incipientes que quieren "salir a bolsa" o buscar en breve el respaldo del capital riesgo", afirma Deryck Jordan, abogado director de Jordan Counsel.

- Una sociedad de responsabilidad limitada. La sociedad de responsabilidad limitada es una de las formas más frecuentes para las pequeñas empresas (LLC). Las protecciones legales se unen a las ventajas fiscales de una sociedad en esta entidad híbrida.

Al final, debe elegir qué forma de organización se adapta a sus necesidades actuales y a sus futuras ambiciones empresariales. Es fundamental comprender las diferentes formas jurídicas de empresa a las que se puede acceder. Si tiene problemas para elegir, es conveniente que se ponga en contacto con un asesor empresarial o jurídico.

Registrarse con el gobierno y el IRS.

Antes de poder operar legalmente su empresa, tendrá que obtener varias licencias comerciales. Por ejemplo, debe registrar su empresa en las administraciones federal, estatal y municipal. Antes de registrarse, debe preparar varios documentos.

Acuerdos de funcionamiento y estatutos:

Debe registrarse ante el gobierno para convertirse en una entidad empresarial oficialmente reconocida. Las sociedades anónimas requieren un documento de "estatutos" que incluya el nombre de su empresa, su misión, la estructura corporativa, la información sobre las acciones y otros datos. Del mismo modo, algunas sociedades de responsabilidad limitada (SRL) tendrán que redactar un acuerdo de funcionamiento.

Haciendo negocios como (DBA)

Si no tiene estatutos o un documento legal, tendrá que registrar el nombre de su empresa, que puede ser su nombre legal, un nombre DBA falso (si es propietario único) o un nombre que haya desarrollado. Puede considerar la posibilidad de registrar el nombre de su empresa para obtener una mayor protección legal. En la mayoría de los estados se exige un DBA. Es posible que tenga que registrarse para obtener una licencia DBA si es una sociedad general o una empresa unipersonal que trabaja con un nombre falso. Es aconsejable informarse sobre los criterios específicos y las tasas poniéndose en contacto o visitando la oficina local del secretario del condado. En la mayoría de los casos, hay un coste de registro.

Número de identificación del empleador (EIN)

Es posible que necesite un número de identificación de empleador del IRS después de registrar su negocio. Aunque no es necesario para los propietarios únicos sin empleados, es posible que quiera solicitarlo para estar seguro. Es mejor mantener sus impuestos y gastos personales y empresariales por separado para ahorrarse el problema si decide contratar a alguien más tarde. El IRS proporciona una lista de comprobación para ayudarle a averiguar si necesitará un EIN para gestionar su empresa. Puede adquirir un EIN de forma gratuita si lo necesita.

Formularios del impuesto sobre la renta.

Para cumplir con los requisitos del impuesto sobre la renta federal y estatal, debe presentar además documentos específicos. La estructura de su empresa dicta los formularios que necesitará. Para obtener información sobre las obligaciones fiscales locales y específicas de cada estado, visite la página web de su estado. Puede que te sientas inclinado a arruinarlo con una cuenta bancaria y una herramienta de redes sociales, pero tu negocio tendrá menos problemas a largo plazo si empiezas con una base sólida.

Licencias y permisos federales, estatales y locales.

Algunos negocios pueden necesitar licencias y permisos federales, estatales o municipales para funcionar. El ayuntamiento de su localidad es el lugar ideal para obtener una licencia de empresa. A continuación, se puede utilizar la base de datos de la SBA para buscar los requisitos de licencia por estado y tipo de negocio. Los permisos profesionales son necesarios para las empresas y los autónomos de diversos oficios. Una CDL permite a los conductores manejar determinados tipos de vehículos, como autobuses, camiones cisterna y remolques. Hay tres tipos de CDL: Clase A, Clase B y Clase C. Consulte siempre con su ciudad y estado local para determinar si es necesario un permiso de vendedor, que permite a su empresa cobrar el impuesto sobre las ventas a los clientes. Permiso de reventa, permiso de reventa, licencia de permiso de reventa, identificación de reventa, número de identificación fiscal del estado, número de revendedor, permiso de licencia de revendedor o certificado de autoridad son todos los términos utilizados para describir un permiso de vendedor. Hay que tener en cuenta que estas normas y la terminología difieren de un estado a otro. Puede solicitar un pase de vendedor en el sitio web del gobierno del estado en el que tiene previsto hacer negocios en él. "Por ejemplo, en Nueva York, la mayoría de los servicios (como los servicios profesionales, la educación y las renovaciones de capital de los bienes inmuebles), los medicamentos y los alimentos para consumo doméstico no están sujetos al impuesto sobre las ventas", explica Jordan. "Si su empresa sólo vende medicamentos, por ejemplo, no necesita un permiso de vendedor en Nueva York. Sin embargo, la venta de bienes personales tangibles nuevos, los servicios públicos, el servicio telefónico, las estancias en hoteles y los alimentos y bebidas (en restaurantes) deben estar sujetos al impuesto sobre las ventas de Nueva York."

5. **Adquirir una póliza de seguro.**

Puede que se le escape, como si fuera algo que "se va a arreglar" más tarde, pero conseguir el seguro necesario para su empresa es un paso esencial que debe dar antes de empezar. Hacer frente a percances como daños a la propiedad, robos o incluso una demanda de los consumidores puede resultar caro, por lo que debe asegurarse de que está asegurado. Aunque hay diferentes seguros de empresa a tener en cuenta, la mayoría de las pequeñas empresas pueden beneficiarse de algunos planes de seguro básicos. Por ejemplo, si su empresa tiene empleados, necesitará obtener una indemnización por accidente laboral y prestaciones por desempleo. Dependiendo de su zona y sector, puede necesitar una cobertura adicional, pero a la mayoría de las pequeñas empresas se les recomienda contratar un seguro de responsabilidad civil general (LG), también conocido como póliza del propietario de la empresa. El seguro de responsabilidad civil general cubre los daños a la propiedad, los daños corporales y los daños personales a uno mismo o a un tercero. Si su empresa presta un servicio, debería pensar en adquirir un seguro de responsabilidad civil profesional. Este seguro le protegerá en caso de que cometa algún error o deje de hacer algo que debería haber hecho al dirigir su empresa.

6. Construye tu equipo.

A menos que sea el único propietario, tendrá que contratar a otros empleados para que le ayuden a rentabilizar su empresa. Según Joe Zawadzki, director general y fundador de MediaMath, los empresarios deben prestar la misma atención al aspecto "humano" de sus empresas que a sus productos. "Las personas construyen tus cosas", explica Zawadzki. "Identificar a tu equipo fundador, establecer qué lagunas existen y decidir cómo y cuándo llenarlas deben ser tus principales prioridades. También es fundamental determinar cómo se comunicará el equipo. Identificar las tareas y obligaciones, así como la división del trabajo, la forma de ofrecer retroalimentación y cómo interactuar cuando todos no estén en la misma habitación, puede ahorrarte tiempo y estrés."

7. Elija a sus proveedores.

Dirigir una empresa es complejo, y es poco probable que usted y su personal puedan manejarlo todo solos. Los proveedores externos pueden ayudarle en este sentido. Desde los recursos humanos hasta los sistemas telefónicos de la empresa, cada área tiene empresas que quieren trabajar con usted. Estas empresas pueden ayudar a que su negocio funcione de forma más eficiente. Cuando busque socios B2B, tendrá que ser muy selectivo. Estas empresas tendrán acceso a información empresarial crucial y potencialmente sensible, así que busque a alguien en quien pueda confiar. Nuestras fuentes profesionales abogan por preguntar a los posibles proveedores sobre su experiencia en su sector, el crecimiento que han ayudado a conseguir a clientes anteriores, así como su historial con sus clientes actuales, es lo que utilizamos para ayudarnos a elegir a nuestros socios comerciales. Aunque no todas las empresas necesitarán los mismos proveedores, hay varios productos y servicios que prácticamente todas las empresas necesitarán. Considere las siguientes funciones, que son necesarias para cualquier empresa.

- Aceptar los pagos de los consumidores: Al proporcionar numerosas opciones de pago, puede asegurarse de que puede realizar una venta de la forma más conveniente para su cliente objetivo. Para garantizar que obtiene el mayor coste para su tipo de negocio, deberá evaluar las opciones y elegir el proveedor de procesamiento de tarjetas de crédito correcto.

- Gestionar las finanzas: Algunos propietarios de negocios pueden gestionar sus tareas de contabilidad cuando empiezan. Ahorre tiempo ahora contratando a un contable o algún software de contabilidad que le ayude a medida que su empresa se expande.

8. Marca y publicidad.

También es vital resolver cómo se comunicará el equipo. Identificar las tareas y obligaciones, así como la división del trabajo, cómo ofrecer retroalimentación y cómo interactuar cuando todos no estén en la misma habitación. Esto puede ahorrarte estrés y tiempo en el futuro.

- El sitio web de la empresa Cree un sitio web de la empresa basado en su reputación en Internet. Muchos clientes utilizan Internet para encontrar más información sobre una empresa, y un sitio web actúa como validación digital de que su organización existe. También es una excelente oportunidad para relacionarse con los consumidores actuales y futuros.

- Uso de las redes sociales. Utiliza las plataformas digitales para difundir la información sobre tu empresa, y úsalas como plataforma de marketing para ofrecer ofertas y gangas a los suscriptores una vez que hayas empezado. Su público objetivo seleccionará los medios sociales más aceptables para emplear.

- CRM: Los datos de los clientes pueden almacenarse en un software de CRM para ayudarte a mejorar la forma de comercializar con ellos. Una estrategia bien planificada puede ayudarte a llegar a los clientes y comunicarte con ellos. Para ser eficaz, tendrá que crear estratégicamente su lista de contactos de marketing por correo electrónico.

- Logotipo: Cree un logotipo que permita a los consumidores reconocer rápidamente su empresa y utilícelo de forma coherente en todos sus canales.

Mantenga estos activos digitales añadiendo regularmente contenidos relevantes y entretenidos sobre su empresa y su sector. Demasiados empresarios, según Ruthann Bowen, directora de marketing de East Camp Creative, tienen una actitud equivocada hacia sus sitios web. "El problema es que ven su sitio web como un coste y no como una inversión", explica Bowen. "Eso es un tremendo error en la era digital actual. Los empresarios de pequeñas empresas que reconocen la importancia de tener una sólida presencia en Internet tendrán ventaja para empezar con buen pie. Este procedimiento es tan vital como ofrecer un producto o servicio de alta calidad, especialmente al principio.

Se debe pedir a los clientes que opten por recibir información de marketing de usted:

Pida permiso a sus consumidores actuales y futuros para comunicarse con ellos mientras crea su marca. El uso de formularios opt-in es la forma más sencilla de conseguirlo. Según el fundador y director general de Dronegenuity, se trata de "formas de consentimiento" otorgadas por los usuarios en línea. Esta autorización le permite ponerse en contacto con ellos con información adicional sobre su negocio. "Este tipo de formularios se utilizan habitualmente en el comercio electrónico para solicitar permiso para enviar boletines, materiales de marketing, venta de productos y otra información a los clientes", añade Edmonson. "La gente recibe tantos correos electrónicos de spam y otros mensajes hoy en día que conseguir que opten por tus servicios de forma directa te ayuda a crear confianza con ellos". Los formularios de adhesión son también un buen punto de partida para establecer la confianza y el respeto con sus clientes potenciales. Y lo que es más importante, estos documentos son legalmente necesarios. La Ley CAN-SPAM de 2003 de la Comisión Federal de Comercio establece normas para el correo electrónico comercial. Según la ley, esta norma se aplica a todos los mensajes comerciales, definidos como "cualquier mensaje de correo electrónico cuyo objetivo principal sea la publicidad o promoción comercial de un producto o servicio". Se imponen multas de más de 40.000 dólares a cualquier correo electrónico que infrinja la legislación.

9. Haga crecer su negocio.

Como empresario, el lanzamiento y las ventas iniciales no son más que el principio. Debe aumentar continuamente su negocio para generar beneficios y mantenerse a flote. Le llevará tiempo y esfuerzo, pero recuperará lo que haya invertido en su negocio. Colaborar con empresas más conocidas en su campo es una estrategia estupenda para ampliar su negocio. Solicite una promoción a otras empresas a cambio de una muestra de producto o servicio gratuito. Colabora con una organización benéfica para dar a conocer tu nombre y dona parte de tu tiempo o tus productos a la organización benéfica. Aunque estos consejos pueden ayudarte a poner en marcha tu empresa y a prepararla para su desarrollo, no existe un plan de negocio perfecto. Siempre hay que asegurarse de haber hecho los deberes antes de empezar un negocio. Seguro que hay cosas que salen mal. Siempre hay que adaptarse y superar las circunstancias cambiantes para gestionar una empresa con éxito.

"Hay que estar preparado para modificar", advierte la fundadora de Fiddlesticks Party + Supply, Stephanie Murray. "En el ejército, hay un dicho que dice que 'ningún plan sobrevive al primer contacto', lo que significa que puedes tener el mejor plan del mundo, pero una vez que está en acción, las cosas cambian, y siempre tienes que estar listo para adaptarte y resolver los problemas rápidamente". Como empresario, añades valor resolviendo problemas, ya sean problemas que tu producto o servicio resuelve para otros o problemas que tú resuelves dentro de tu empresa."

Preguntas frecuentes sobre la creación de empresas.

Si no tengo dinero para montar un negocio, ¿qué puedo hacer?

Sin ninguna entrada de dinero inicial, puedes crear un negocio con éxito. Trabaja en un plan de empresa que utilice tus habilidades para ofrecer un producto único e innovador al mercado. Para disminuir el riesgo financiero de crear una nueva empresa, siga trabajando en su puesto actual (o "trabajo de día"). Tendrás que ser ingenioso con las finanzas una vez que hayas creado tu idea de negocio y estés preparado para empezar a trabajar en un plan de empresa. Puedes recaudar fondos a través de inversiones, presentando tu concepto a los financiadores. También puedes utilizar servicios de crowdsourcing como Kickstarter para recaudar fondos o reservar una parte de tus beneficios semanales para invertirlos en un nuevo negocio. Por último, puedes buscar en el banco y en otras instituciones financieras posibilidades de préstamo para ayudarte a poner en marcha tu negocio.

¿Cuál es el negocio más sencillo de poner en marcha?

El negocio más sencillo para empezar implica poca o ninguna inversión financiera por adelantado y no requiere una gran experiencia. Una empresa de envíos directos es uno de los tipos de negocios nuevos más inconfundibles que se pueden iniciar. El envío directo elimina la necesidad de gestionar el inventario, lo que le ahorra el tiempo y el esfuerzo de comprar, mantener y hacer un seguimiento del inventario. En su lugar, otra empresa cumplirá los pedidos de sus clientes a petición suya. Esta empresa se encargará del inventario, el embalaje y el envío de los pedidos de su negocio. Para empezar, puede construir una tienda en línea seleccionando productos de un catálogo proporcionado por los socios.

¿Cuándo es el momento más importante para poner en marcha su propia empresa?

El calendario deseado por cada persona para lanzar un nuevo negocio es único. En primer lugar y de forma esencial, debe iniciar una empresa cuando tenga el tiempo libre adecuado para dedicarse a ella. Si tiene un artículo o una marca cíclica, debería crear su propia empresa un trimestre antes de la temporada alta prevista. La primavera y el otoño son temporadas atractivas del año para el debut de negocios no estacionales. La mayoría de los nuevos negocios no se inician en invierno porque muchos de los nuevos propietarios quieren aprobar su LLC o empresa para un nuevo año fiscal antes de lanzarse oficialmente.

Capítulo no.2

Empezar un negocio sin dinero.

Para poner en marcha una nueva empresa se necesita una determinada cantidad de capital. Dependiendo del modelo de negocio y del plan empresarial, la cantidad de dinero necesaria para crear una empresa variará. El dinero invertido en la empresa, por otra parte, tiene poco que ver con su éxito o su tamaño potencial. Por ejemplo, Infosys, que empezó con una inversión de 250 dólares (15.000 rupias) en 1981, es hoy una empresa mundial con un valor de 8.640 millones de dólares (54.000 rupias). Por lo tanto, si eres un empresario de bajo presupuesto, puedes crear una empresa siguiendo los siguientes pasos.

Registro de LLP con opción de EMI.

Constituir una nueva entidad empresarial es el primer paso para lanzar cualquier negocio. La constitución de una entidad corporativa facilitaría la creación de una cuenta bancaria para la empresa, la recepción de registros fiscales y la facturación a los clientes.

Vender en portales de comercio electrónico.

Es sencillo convertirse en vendedor en Flipkart o Snapdeal una vez que su empresa está registrada. "Cómo convertirse en vendedor en Flipkart" y "Cómo convertirse en vendedor en Snapdeal" proporcionan instrucciones detalladas sobre cómo convertirse en vendedor en una plataforma de comercio electrónico conocida. Convertirse en vendedor en una famosa plataforma de comercio electrónico como Flipkart, Snapdeal o Amazon le da un rápido acceso a muchos compradores potenciales. Además, dado que la plataforma de comercio electrónico se encarga del marketing, la tecnología y el envío, puedes ganar dinero rápidamente.

Empezar a prestar servicios.

Crear una empresa de servicios suele costar relativamente poco capital y puede ampliarse fácilmente. Las agencias de marketing digital, la transcripción médica, el desarrollo web, las clases particulares y otros negocios similares requieren muy poco dinero e infraestructura para empezar. Como resultado, las pequeñas empresas que prestan servicios están exentas de impuestos a los clientes, lo que les da una ventaja sobre las empresas más grandes. En plataformas como Elance y Freelancer, también puedes encontrar muchos clientes si quieres establecer un negocio de servicios.

Plan de negocio.

Redactar un plan de negocio es un excelente punto de partida si tienes un concepto de empresa brillante pero no tienes dinero para ponerlo en marcha. Las empresas de capital riesgo y los inversores ángeles que buscan financiar la próxima gran idea, el dinero ya no es esencial para ellos para financiar un negocio. Por ello, es fundamental crear un plan de negocio sólido y una presentación de lanzamiento para explicar el concepto a amigos, familiares y posibles inversores. En foros como Tie-on, CII o FICCI, entre otros, también se celebran regularmente presentaciones de pitch, en las que se puede llegar de forma sencilla a los posibles inversores. Así que, si quieres crear una empresa sin dinero, escribe un plan de negocio y prepárate para hacer un pitch.

Regímenes gubernamentales.

Los gobiernos estatal y federal ofrecen programas para ayudar a las empresas de primera generación a tener éxito. Estos programas proporcionan al empresario la financiación inicial y el préstamo bancario necesario para poner en marcha un negocio. A continuación se enumeran algunas de las estrategias que lo hacen. Poniéndose en contacto con la oficina local, los empresarios con un mínimo de fondos también pueden informarse sobre los programas gubernamentales de financiación inicial para descubrir ideas para iniciar una nueva empresa sin dinero.

Para crear un negocio, no se necesita necesariamente una cantidad masiva de dólares. En realidad, a veces se puede empezar con una cantidad de dinero significativamente menor. (¡Sí!), Necesitará algo más que una entrada de dinero en efectivo para iniciar y hacer crecer su nueva empresa. Probablemente necesitarás socios, inversores y un plan firme sobre cómo utilizarás el dinero de tu nueva empresa para expandirte. Sin embargo, cuando empieces, deberías empezar con un presupuesto modesto. Mejor aún, puedes empezar con lo poco que quieras. Si quieres empezar a vender tus artículos artesanales en un negocio, siempre puedes empezar vendiéndolos a amigos y familiares. Podrás establecer una reputación y recibir los primeros comentarios. Luego puede venderlos en Internet a través de un sitio web de terceros. A continuación, puede proceder a alojar su sitio web y su tienda. Ya me entiendes. Si no estás seguro de por dónde empezar cuando inicias un negocio sin dinero, aquí tienes algunas sugerencias.

Piensa en lo que puedes comprar y hacer gratis:

Es sencillo elaborar una lista de obstáculos que se interponen en su camino para establecer su negocio. Crear una lista de las diferentes formas que tiene delante de usted suele ser más difícil. Si la perspectiva de lanzar un negocio sin dinero le inquieta, tómese un momento para pensar de qué puede prescindir ahora mismo.

¿Cuáles son los componentes más importantes de su empresa? Si sólo has conseguido tres artículos para tu nueva tienda, ¿necesitas un sitio web elegante y diseñado a medida? En su lugar, ¿podrías crear una página de Facebook para anunciar tu negocio local? ¿O te resultaría más práctico vender tus artículos en una plataforma como Etsy? ¿Podrías aprovechar Canva para elaborar tus materiales promocionales? ¿Podrías hacer un trueque o intercambiar tus servicios, productos o recursos con otra persona en lugar de recibir un pago? Decir que hay una multitud de información de cosas gratis en la web sería una exageración. Haz una lista de todo lo que vas a necesitar para tu grupo, y luego busca alternativas disponibles en Internet. Puede que te lleve tiempo, y puede que tengas que adquirir algunas habilidades digitales nuevas, pero ahorrarás ingresos cuando más los necesites.

Reserve seis meses de gastos en su cuenta de ahorros:

Aceptar dinero a través de su cuenta de ahorros no es lo mejor, sin duda. Sin embargo, es una actitud relativamente habitual entre los empresarios. Sé honesto contigo mismo mientras creas tus estrategias empresariales sobre la cantidad de ingresos que vas a gastar y el dinero que probablemente vas a ganar. A continuación, sé sincero contigo mismo sobre el tiempo que tardarás en crear beneficios. Por lo general, se necesitan al menos seis semanas antes de ver entrar dinero. Ponte el objetivo de ahorrar seis meses de gastos para poder concentrarte en tu nueva empresa.

Solicite donaciones adicionales a sus amigos y familiares:

Recuerda que no estás pidiendo ayuda. No estás pidiendo a tu familia y amigos que apoyen tu loca idea de negocio. No, tienes una gran idea para un negocio y una sólida estrategia empresarial. Has puesto los puntos sobre las íes. A la hora de hacer tu propuesta, tienes que recurrir a las personas más cercanas a ti. Utiliza a tus amigos y a tu familia como el recurso que son. Con tus amigos y familiares, practica tu discurso de ventas. Pregunta por los comentarios. Cuando estés preparado para poner en marcha tu empresa, pregunta si te pueden ayudar con un pequeño préstamo para ponerla en marcha. Asegúrate siempre de que lo tienes todo por escrito y de que sabes exactamente cuándo les vas a devolver el dinero. Además, utiliza una herramienta de crowdfunding para animar a las personas de tu red personal a contribuir a tu gran idea de negocio.

Si necesita fondos adicionales, solicite un préstamo para pequeñas empresas.

Considere pedir un préstamo para pequeñas empresas si necesita más fondos y trabaja con un presupuesto ajustado. Los clientes que buscan un flujo de caja adicional o dinero para invertir pueden obtener varios préstamos para pequeñas empresas de bancos y prestamistas en línea. Con un banco tradicional, normalmente se pueden obtener mejores condiciones. Por otro lado, los prestamistas online son más liberales con sus normas. Sólo hay que tener cuidado con esos tipos de interés tan elevados. Piensa en una línea de crédito para empresas si no necesitas un préstamo de gran cuantía. En pocas palabras, son como las tarjetas de crédito para empresas. Son buenas posibilidades para comprar cosas cuando se necesitan.

Las subvenciones a las pequeñas empresas y las opciones de financiación local son buenos puntos de partida:

Las subvenciones para las pequeñas empresas no siempre son fáciles de conseguir. Sin embargo, una vez que hayas puesto en marcha tu empresa (por pequeña que sea), puedes empezar a buscar dinero gratis en serio. Tenga en cuenta que la mayoría de los premios tienen requisitos específicos de solicitud. Siempre que cumplas esos requisitos, podrás optar a un premio en metálico que es todo tuyo. Comienza tu búsqueda en las bases de datos gubernamentales y no olvides pedir ayuda a tu organización local de administración de pequeñas empresas.

Descubra a los posibles inversores ángeles y cójalos:

Los inversores ángeles probablemente le resulten familiares y con razón. Juega cuando llega el momento de ampliar tu empresa más allá de ti, de ti mismo y de los pocos amigos y familiares que han invertido. Los inversores ángeles suelen ser las primeras personas externas que invierten en una empresa. A diferencia de las empresas externas u otros capitalistas de riesgo, los inversores ángeles ponen su propio dinero. Como muchos de ellos han sido o son empresarios, pueden ser excelentes mentores.

Capítulo no.3

Empezar un negocio (sin experiencia)

El negocio tiene un efecto importante en su vida y en la de sus seres queridos. Sin embargo, antes de poder gestionar un negocio, primero hay que aprender a crear uno. Si nunca lo ha hecho antes, elegir cómo empezar una empresa local puede ser una tarea desalentadora. Por suerte, muchos otros empresarios han ido detrás de usted, pero puede aprender de los logros de sus negocios fallidos. Los siguientes 12 pasos para iniciar un negocio están aquí para ayudarte. Esto puede ser desde la investigación a su concepto a su plan de envío para finalmente comenzar su negocio. Esto le ayudará con su primer negocio hasta su 30 negocio.

¿Cuál es la mejor manera de crear una pequeña empresa?

1. Idear un concepto de negocio.
2. Elija un nombre de empresa
3. Pruebe su concepto de producto
4. Cree un plan de negocio.
5. Desarrolle su producto o servicio
6. Poner en orden sus fondos
7. Decidir la estructura de la empresa.
8. Investigar las licencias y leyes gubernamentales.
9. Elija sus herramientas
10. Busque la ubicación de la empresa.
11. Establece una carga de trabajo y el tamaño del equipo.
12. Comenzar su negocio.

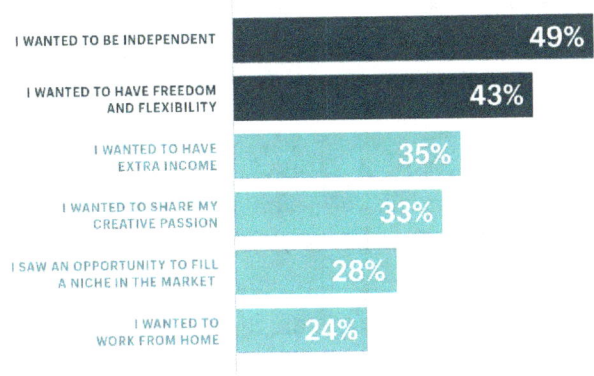

- **Encontrar una idea de negocio.**

El primer paso para poner en marcha un negocio en Internet es determinar qué negocio quiere dirigir. Investigar ideas para pequeñas empresas es un proceso que puedes emprender de forma sistemática dependiendo de estrategias probadas que han resultado beneficiosas para anteriores empresarios. Tanto si quiere desarrollar un negocio secundario de bajo coste como si quiere apostar por su concepto, la técnica más rápida para seleccionar un producto para la venta es hacer más preguntas:

A. Escala de la posible oportunidad?

Los empresarios suelen descartar los mercados pequeños. Aunque el tamaño de su mercado debe corresponder a sus objetivos empresariales, hay otros factores que rigen el tamaño de la oportunidad de un nicho. Por ejemplo, si su categoría de producto tiene un pequeño número de consumidores activos pero un precio elevado que obliga a la recompra, es un potencial atractivo que los fundadores centrados en el tamaño del mercado pasarían por alto. Sin embargo, el gasto de adquirir cualquier consumidor hoy en día no es precisamente barato. Las oportunidades más importantes vendrán de las categorías de productos en las que se pueden impulsar las compras recurrentes, ya sea a través de suscripciones o (eventualmente) a través de la venta adicional y cruzada de productos complementarios a los clientes. Esto se puede hacer más adelante, pero hay que tener en cuenta esta posibilidad mientras se estudian las opciones. Daneson es una empresa que fabrica y distribuye palillos de gama alta. El pequeño tamaño del mercado afectará a los ingresos futuros, pero como marca especializada, Daneson puede ser capaz de adueñarse de la zona si se dirige a los clientes adecuados y los adquiere a bajo precio.

B. Tendencia, moda o mercado en crecimiento.

Una de las estrategias más eficaces para poner en marcha un negocio es investigar el mercado de antemano. La dirección de un mercado es más esencial que su estado actual. Si quiere que su empresa prospere, recuerde que comprender la tendencia actual de un sector es tan crucial como entender su crecimiento en el futuro. ¿Su producto o nicho es una moda, una tendencia, un mercado estable o un mercado en alza?

1. **Moda.** Algo que se hace popular durante un breve período y luego desaparece. Una moda puede ser rentable si se mide el tiempo de entrada y salida adecuadamente, pero esto es imposible de prever y puede llevar a la tragedia.

2. **Tendencia.** Una tendencia es un camino a largo plazo que parece seguir el mercado de un producto. No se expande tan rápidamente como una manía, dura más tiempo y no pierde el favor tan rápidamente.

3. **Estable.** Un mercado estable no se ve afectado por los choques y los baches. No disminuye ni crece, sino que se mantiene estable en el tiempo.

4. **En crecimiento.** Un mercado en crecimiento ha tenido una expansión constante y muestra evidencias de un cambio a largo plazo o permanente en el mercado.

C. Cuál es su competencia?

¿Cómo es la situación del mercado de su empresa? ¿Hay un gran número de rivales o una proporción mínima? Si hay varias empresas competidoras en su zona, suele ser un indicio de que el sector está bien establecido; esto es excelente para asegurar la demanda, pero también significa que tendrá que diferenciar lo que ofrece (hasta cierto punto) para atraer la atención del cliente.

D. Restricciones y normas?

Saber cómo crear una pequeña empresa también exige conocer las obligaciones legales. Antes de aventurarse en un sector de productos, asegúrese de estar informado de cualquier legislación o límite aplicable. Algunos artículos químicos, productos alimentarios y cosméticos pueden estar sujetos a limitaciones impuestas por el país al que se importan y por los países a los que se envían.

- **Elegir un nombre de empresa.**

¿Qué hay en un título, después de todo? Para empezar, el nombre de su empresa es un aspecto fundamental de su publicidad; se nota en todo lo que hace. No hay razón para complicarse mucho más adoptando un nombre de empresa soso, poco claro o inútil. Sin embargo, las primeras fases de una empresa son cambiantes, y básicamente nada está grabado en piedra. Es posible que no tengas que vivir usando el nombre que se te ocurra ahora mismo. Manténgalo sencillo y centrado: piense en un nombre para su organización que represente lo que hace, que sea corto y distintivo, y que se relacione con su objetivo y perspectiva de futuro. No es una tarea sencilla, pero es posible con un poco de imaginación. Los generadores de nombres pueden ayudarle a elaborar una lista preliminar de alternativas; el resto depende de usted. Hay algunas pautas probadas que le ayudarán si está empezando. He aquí otras opciones para dar un nombre a una empresa que sea aceptable y memorable:

- Sea breve, dulce y sin ambigüedades. Si has compartido previamente el concepto de tu negocio y la gente te pide que repitas el nombre, eso es un buen truco. Facilita que la gente recuerde tu marca. Una o dos palabras son preciosas, pero tres o cuatro términos cortos que constituyan una frase definida también pueden funcionar. (Por ejemplo, Tienda, Cadete Estrella)

- No tenga miedo de destacar. Considere la posibilidad de prescindir de estos clichés y de dar un giro a la inversa si su estudio de mercado indica que todo el mundo en su zona parece tener nombres similares o basarse en elementos parecidos; muchas empresas subestiman la ventaja comercial de la singularidad salvaje. Siempre puede mezclar inteligencia y claridad ajustando su nombre a su línea de productos. (Algunos ejemplos son Café efecto gatillo y Ropa para culturistas).

- Sea único. Tendrá que comprobar que su empresa no está ya en uso por otra persona, especialmente un rival. Para ello, realiza una búsqueda de marcas registradas gratuita en los países en los que vayas a dirigir un negocio. Utiliza también una búsqueda en Google y en las redes sociales. Lo mismo ocurre con las URL; sin embargo, antes de registrar nada, haz una búsqueda rápida de nombres de dominio o un who is lookup. (Si todavía no está seguro, pida consejo a un abogado imparcial especializado en su sector.)

- **Valide su idea de producto.**

Todo lo que tienes es una lista de ideas preconcebidas hasta que la gente te paga. Los estudios de mercado, las encuestas y los comentarios de familiares y amigos podrían orientarle en la ruta correcta, pero el sonido del cajero automático es la tarjeta de visita de la confirmación real del producto. Realizar algunas ventas tempranas es la primera y probablemente mejor técnica para verificar que su producto es utilizable y vendible. Existen algunas técnicas que le ayudarán a validar su concepto mientras sigue trabajando en él. La mayoría de estas técnicas se concentran siempre en una única acción crucial: su propio compromiso personal. Permita que los primeros adoptantes se comprometan para demostrar que, sí, la gente está interesada en comprar su producto y no sólo está alimentando su ego. Esta inclinación por la rapidez y la experimentación puede ahorrarle dinero a largo plazo. Es un consejo sencillo y obvio que con demasiada frecuencia se pasa por alto: asegúrate de que vendes algo que la gente desea.

- Abra una tienda para aceptar pedidos anticipados. Considere la posibilidad de adquirir la aprobación del producto antes de empezar a crear su negocio. Sólo es concebible gracias a los pedidos anticipados. Los clientes se han acostumbrado y se sienten cómodos pagando ahora por un producto que obtendrán más adelante, a lo largo del periodo. Antes de realizar su pedido inicial de inventario, defina y promueva lo que está construyendo, mantenga sus compromisos y extienda su red.

- - Inicia una campaña de crowdsourcing. Kickstarter no es la panacea para tus dificultades financieras, pero es un método práctico para recaudar dinero de la mejor fuente potencial: tus clientes. También hay que tener en cuenta que Kickstarter no es el único juego en la ciudad, lo que es beneficioso para las empresas que trabajan fuera de las categorías de productos más populares de la plataforma.

- - La venta de productos debe hacerse en persona. Las ferias y mercados locales son perfectos para probar productos específicos, como los caseros, fabricando sólo un pequeño lote y vendiéndolo a los clientes en persona. Esta técnica fue crucial para Nimi Kular y el negocio de su familia, Jaswant's Kitchen, cuando empezaron a vender sus alimentos caseros. "Vender en una feria de artesanía o en un pop-up local es una forma fantástica de contar tu historia, recoger opiniones y explicar los beneficios de tu producto a los clientes potenciales", explica Nimi.

- - Hay muchas formas diferentes de validar tus ideas de producto, pero empieza a vender enseguida si no estás seguro. Avanzar demasiado rápido tiene sus inconvenientes: intentar vender un producto antes de que esté listo te enseñará que a los consumidores no les gustan las cosas horribles. Sin embargo, según nuestra experiencia, la mayoría de los empresarios esperan demasiado tiempo para empezar a validar sus conceptos.

Considere lo siguiente: si su negocio está orientado al cliente, puede confiar en que los posibles consumidores le guíen hacia el producto adecuado. No hay alternativa a los comentarios directos y puntuales de un consumidor que paga, por muy inteligente que seas.

- **Escriba su plan de negocio.**

La siguiente etapa para iniciar un negocio en línea es crear una estrategia empresarial. Al exigirle que se calme y piense bien las cosas, la elaboración de un plan estratégico puede ayudarle a formalizar su concepto y acelerar el proceso de creación de la empresa. Y, aunque los métodos no siempre son ventajosos, son esenciales. Muchos empresarios le dirán que, una vez establecidos, apenas miran su plan de negocio, pero también le dirán que es vital pensar y analizar su idea. El desarrollo de su plan de negocio es un gran lienzo para analizar su idea. Cuando se trata de la practicidad de lanzar un negocio en línea, el desarrollo de un plan de negocios puede proporcionar más conocimientos. En el mejor de los casos, podrá determinar inmediatamente las preguntas para las que no conoce las respuestas. Tener un conocimiento sólido de sus "incógnitas conocidas" es vital, ya que indica que no está enfatizando activamente la búsqueda de una solución inmediata; eso es mucho mejor que estar desinformado o que le coja por sorpresa, especialmente si está intentando recaudar dinero. Las actividades cotidianas para poner en marcha su organización se moverán, casi con toda seguridad, mucho más rápido que el plan de negocio convencional. Tienes que saber lo que sientes, no lo que piensas. Sin embargo, la redacción inicial de su estrategia se asemeja a la planificación de un camino hacia una meta determinada. Las cuestiones se alterarán a lo largo de la ruta, y los componentes menores del diseño inicial se volverán anticuados.

5. Ponga en orden sus finanzas.

El objetivo principal de cualquier empresa es ganar dinero. En cambio, usted sólo tiene el placer (¡que también es bueno!). Cuando quiera aprender a crear una empresa de forma eficaz, tendrá que saber cómo empezar y cómo gestionar el flujo de caja una vez que lo tenga. Aunque es difícil elaborar una lista clara y definida de las razones por las que la mayoría de las empresas fracasan, las principales razones serían sin duda su flujo de caja y la falta de capital. Los conocimientos financieros y la adquisición de financiación son básicamente lo mismo en los negocios. Hay muchos negocios diferentes que pueden iniciarse con muy poco dinero, pero otros negocios exigirán fondos de inventario, equipamiento o espacio físico. Antes de gastar un céntimo, hazte una idea clara de tu inversión global.

Puede ayudarle a hacer estimaciones críticas, como cuándo alcanzará el punto de equilibrio.

Su empresa elegirá sobre todo a dónde va el dinero. Los datos mostrarán que el producto y el inventario se llevarán la mayor parte del dinero en tu primer año de negocio. Si durante tu primer año ves que necesitarás una afluencia de efectivo, entonces considera un préstamo para pequeñas empresas, una oferta de Shopify Capital (para quienes califiquen), o incluso utiliza una campaña de crowdfunding. El segundo componente de la ecuación es el conocimiento financiero, o saber cómo entra y sale el dinero de tu empresa. Recuerda que si las matemáticas no funcionan, tampoco lo hará tu negocio. Ya está listo para empezar a hacer compras en el negocio; la contabilidad debe ser una de sus principales prioridades financieras. Los registros precisos de tus ingresos y gastos pueden ayudarte a controlar el flujo de caja y facilitar la transición a trabajar con un contable o un tenedor de libros más adelante; es de lo mejor que vas a gastar si te lo puedes permitir. Tómese el tiempo necesario para registrar una cuenta bancaria comercial y obtener una tarjeta de crédito comercial para facilitar el manejo de sus fondos. Separar las cuentas personales de las del negocio hace que la presentación de los impuestos de la empresa sea mucho más accesible. También puede ayudarle a automatizar algunas de las tareas financieras que conlleva el inicio de un negocio. Será beneficioso aprender a crear una pequeña empresa con un presupuesto reducido.

- **Desarrolle su producto (o servicio)**

Has hecho tu estudio, has ordenado las estadísticas y, tal vez, has empezado a verificar tu concepto con el interés de los primeros clientes. Ha llegado el momento de profundizar en la forma de crear lo que vende actualmente. Si está operando una empresa de productos básicos, puede emplear una de las tres formas de innovación de productos:

A. Cree su producto.

Desarrollar su producto para ofrecerlo al mundo puede ayudarle a destacar en el mercado que ha elegido. Tanto si fabrica sus productos a mano como si adquiere un producto original de una fábrica.

- Ideación. El modelo SCAMPER, que consiste en formular preguntas sobre los productos existentes, es una poderosa técnica para idear productos con rapidez. Cada letra representa una pregunta: Sustituir; Combinar; Adaptar (por ejemplo, un sujetador de lactancia con cierres delanteros); Modificar; Reutilizar (por ejemplo, camas para perros de espuma viscoelástica); Eliminar; Invertir/reorganizar las pertenencias (por ejemplo, una bolsa de viaje que no arrugue los trajes).

- Prototipos. La creación de prototipos consiste en probar varias versiones de su producto, eliminando gradualmente las alternativas y realizando ajustes hasta que esté satisfecho con el ejemplo final. Ahora los diseños pueden convertirse en muestras reales a un coste considerablemente menor y con un tiempo de entrega mucho más rápido gracias al avance de la impresión 3D.

- Cálculo de costes. El cálculo de costes es el acto de tomar todos los datos que ha adquirido hasta el momento y calcular el coste de las mercancías vendidas (COGS), de modo que pueda averiguar cuál será su precio de venta al público y su margen bruto.

B. Personalizar un producto existente.

Gracias a los servicios de impresión bajo demanda, las camisetas, los leggings, las toallas, las mochilas y otros productos de marca blanca pueden personalizarse con diseños y marcas únicas. Esta opción es habitual en categorías en las que la mayor parte de la diferenciación se basa en la innovación; las tazas de café, por ejemplo, pueden estar hechas de varios materiales, pero muchos compradores están más interesados en la frase humorística o la marca que en la calidad de construcción. Esta técnica también es fantástica para vender equipos a tus seguidores si ya tienes una audiencia como creador de contenidos: una vez que sepas lo que quieren.

C. Seleccione los productos que más le gusten.

El envío directo es un método para vender productos preexistentes sin tener que mantener un inventario a mano. Usted se asocia con un proveedor de productos establecido que envía y satisface el pedido de su cliente sólo después de que usted haya realizado una venta mediante el envío directo; su deber como proveedor de envío directo es ocuparse del marketing y del servicio al cliente. Este enfoque es muy accesible y competitivo en algunas categorías de productos. Aun así, permite a miles de empresarios poner en marcha su empresa de inmediato sin realizar una importante inversión inicial en inventario. Por último, pero no por ello menos importante, al determinar su precio, tenga en cuenta todos los costes al diseñar su producto. Aunque los costes no son el único factor que influye en el precio de su producto -hay muchos otros-, es fundamental fijar un precio rentable para sus productos.

- **Elegir una estructura empresarial.**

Hay muchas estructuras de constitución diferentes entre las que elegir a la hora de crear una empresa. El sistema societario influye en muchos elementos de la empresa, como los impuestos, la gestión y la posible responsabilidad. La estructura adecuada mantiene un equilibrio entre las salvaguardias legales y financieras que necesita y la flexibilidad que ofrecen las distintas opciones. Es una decisión importante, y debe pensarla completamente antes de poner en marcha su organización. Las formas de empresa varían en función de su nación y ubicación, pero las dos más frecuentes son la de propietario único y la de constitución, que pueden tener distintos nombres en su país. La sociedad unipersonal es ideal si usted es la única persona que participa en la empresa y suele ser la estructura que menos tiempo requiere. Sin embargo, le hace personalmente responsable de las acciones de la empresa. Como propietario único, puede contratar personal, pero necesitará un número de identificación de empleador, lo que implica registrar su empresa. Si elige una estructura más formal, como una sociedad anónima o una sociedad de responsabilidad limitada, es más fácil incluir a varios propietarios y usted no es responsable personalmente de la empresa. Al mismo tiempo, la creación y gestión de una empresa conlleva trámites y formalidades adicionales. Hay algunas variables que hay que tener en cuenta a la hora de aprender cómo crear una pequeña empresa cuando se trata de elegir la forma jurídica correcta para su empresa:

- ¿Cuál es la ubicación de su empresa?

- ¿Qué tipo de negocio tiene? La legislación de su país detallará las distintas estructuras empresariales que puede formar. También si necesitará o no una licencia comercial para empezar. Algunas estructuras organizativas son más adecuadas para empresas de un determinado tamaño o de un sector específico. Es posible que tenga que reestructurar su empresa para operar con nuevos socios. No es habitual que las grandes empresas pidan que se incluya a sus proveedores o socios, por ejemplo.

- Si es usted un empresario en solitario, quizá pueda buscar opciones más ágiles. Si tienes un socio o muchos propietarios, tendrás que buscar soluciones más complicadas para asegurarte de que todo está configurado y compartido correctamente.

Un contable o un abogado pueden ayudarle a revisar las distintas posibilidades disponibles en su zona y el procedimiento de creación de empresas.

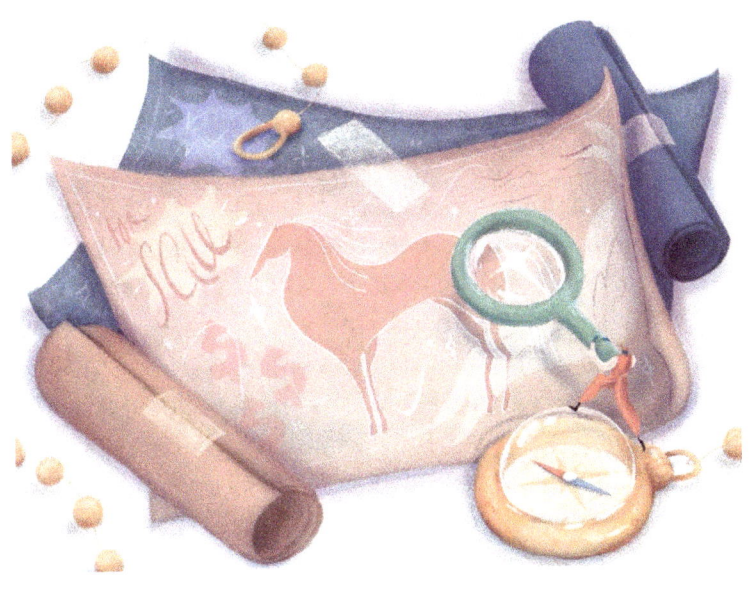

- **Investigar las licencias y la normativa gubernamental.**

Investiga qué permisos y leyes del país necesitarás para operar correctamente una vez que hayas aprendido a lanzar un negocio en línea. Nadie quiere encontrarse en peligro legal. Su organización depende de las leyes comerciales locales, así como de las normas y reglamentos de fabricación. Un negocio de servicios alimentarios, debe adherirse a licencias y reglamentos muy específicos cuando manipula el producto alimentario que vende. Sin embargo, también debe tener en cuenta los aspectos legales de sus actividades de marketing y las leyes de marcas y derechos de autor. Con tantas cosas que aprender, muchas de ellas relevantes para su ubicación e industria, es una buena idea buscar orientación legal antes de lanzar su negocio en su comunidad. Si invierte tiempo y dinero en obtener asesoramiento legal, puede ahorrarse dinero, tiempo y problemas en el futuro.

- **Seleccione sus herramientas.**

Tomar medidas para establecer un negocio en Internet incluye asumir más trabajo del que una sola persona puede llevar a cabo con eficacia. Por eso, los propietarios de empresas no deberían descuidar el valor del software inteligente, ya que es una de las estrategias más eficaces para minimizar la cantidad de trabajo pesado que implica la gestión de una empresa. La herramienta correcta para el trabajo es esencial. Por lo tanto, el primer paso para recuperar parte de su tiempo es identificar qué tareas consumen la mayor parte de su tiempo.

¿Hay algo en su lista que parezca repetitivo y que no implique ninguna toma de decisiones? Los programas informáticos son ideales para agilizar o automatizar estas tareas. Aunque existe el riesgo de distraerse con demasiadas herramientas, algunos aspectos del marketing se beneficiarán de la automatización de inmediato.

- Contabilidad. El software de contabilidad es una forma muy aceptable de hacer que su empresa comience con el pie derecho en materia financiera. El software vendrá con varias alternativas diferentes para ayudarle a documentar todo, desde una comida con su socio comercial hasta un extenso pedido de inventario. Guarde todo el trabajo manual de cálculo de números que pueda para un trabajo de investigación que merezca la pena, y deje las tareas cotidianas en manos del software y de los profesionales.

- Implica el envío de correos electrónicos a Incluso antes de realizar su primera venta, la mayoría de las empresas se beneficiarán de la puesta en marcha de secuencias de correos electrónicos de abandono de carritos y de bienvenida. Junto con su negocio en línea, una lista de correo electrónico es una de las pocas cosas que posee en Internet; le proporciona un canal directo con sus clientes que no depende de algoritmos de terceros.

- Anuncios. Los anuncios son una parte inevitable de hacer una empresa, especialmente en Internet. Aun así, el software de marketing puede ayudarle a automatizar el proceso y a maximizar su presupuesto de publicidad, por pequeño que sea.

- Gestionar un proyecto. Incluso si solo eres tú, tener una ubicación central para planificar tu trabajo y gestionar las actividades críticas te ayudará a mantenerte en el camino. Las aplicaciones de conexión como Zapier son ideales para coser y automatizar tus flujos de trabajo más comunes, mientras que herramientas como Trello y Asana pueden ayudarte a mantener el pulso.

- Una tienda online o un sitio web. Selecciona un constructor de sitios web o una plataforma de comercio electrónico que te permita gestionar sin esfuerzo todas las actividades clave asociadas a la gestión de tu empresa. Busque un tema que complemente sus unidades de negocio y le permita aceptar y gestionar los pedidos rápidamente. El rendimiento del sitio, las transacciones y la liquidación, y la funcionalidad multicanal son elementos esenciales para las organizaciones de comercio.

- **Encontrar un local comercial.**

Su estrategia empresarial le ayudará a identificar el tipo de espacio que necesita. Si vende camisetas de impresión bajo demanda, puede que sólo necesite un pequeño espacio de trabajo, un escritorio y un ordenador portátil en su casa. Por otro lado, si su empresa requiere un espacio físico para la venta, tendrá que alquilar un local. Cuando busques un alquiler, utiliza las siguientes preguntas para ayudarte a acotar lo que necesitas de tu local comercial:

1. ¿Cuánto espacio de inventario necesitará? Es posible que no le quepan cientos de artículos en su salón si los recibe todos a la vez.

2. ¿Piensa vender sus productos en persona? Para sus primeros pedidos, vender desde su casa es sin duda una opción, pero si el canal en persona es crucial, querrá seleccionar un lugar que sea cómodo y conveniente para que los consumidores lo visiten.

3. ¿Los pedidos se empaquetarán y enviarán desde su local? En función de la escala de su negocio de reparto, es posible que necesite más tiempo del que dispone en su sede. Puede ser que empiece una pequeña empresa con el espacio que ya tiene, sobre todo si no quiere vender en persona.

- **Planificar la carga de trabajo y el tamaño del equipo.**

Es el momento de aumentar su plantilla ahora que sabe cómo crear su empresa. ¿Qué tipo de trabajo tendría que realizar y qué habilidades necesitaría para establecer su empresa? Estas son preguntas críticas que hay que responder porque decidirán el calendario de lanzamiento y el grado de gasto. Si pretende completarlo todo solo, se verá limitado por la cantidad de tiempo de que disponga. Tendrá que calcular esos costes, así como el tiempo que se tarda en contratar y registrar a los autónomos o a los profesionales si tiene intención de contratar ayuda. Para empezar, aquí tienes una lista de los talentos naturales que necesitarás aprender, conocer o contratar:

Diseño.

Mientras aprendes a establecer un negocio en línea, tendrás que tomar muchas decisiones de diseño, desde el desarrollo de un logotipo hasta la elección de los colores de tu marca. He aquí algunas decisiones cruciales a las que debes prestar atención:

- Logotipo. Para desarrollar su logotipo, puede utilizar un constructor de logotipos como Hatchful o herramientas para compartir imágenes como Canva.

- Colores. Comience por generar una paleta de colores utilizando una de las numerosas herramientas disponibles en línea, o utilice Hatchful para elegir los colores de su negocio.

- La apariencia del sitio web. Empezar con un aspecto profesional para su sitio web garantiza que éste siga las mejores prácticas de diseño.

Marketing.

El marketing es un componente fundamental para aprender a crear una empresa en línea, y podría implicar una serie de talentos. Comience por evaluar qué actividades de marketing tendrán el efecto más significativo en su nueva empresa. A continuación, aplique sus ideas para elaborar una lista de las habilidades que necesitará para llevarlas a cabo. La realización de anuncios patrocinados, por ejemplo, implica un conjunto de habilidades diferente al de fotografiar imágenes de estilo de vida para desarrollar tus seguidores de Instagram. Asegúrate de que conoces y comprendes algunas de las estrategias publicitarias más habituales en tu organización y que tienes la competencia para ponerlas en práctica.

Envío.

Funcionar con un plan de envío sofisticado es una de las claves para establecer un pequeño negocio en línea. Asegúrese de tener una estrategia de distribución que maneje cuestiones esenciales como: cómo funcionará desde el punto A hasta el punto B una vez que se hayan ordenado?

- El precio. ¿Ofrecerá a sus consumidores entregas gratuitas o con descuento, o les cobrará el coste total? Como se trata de un tema complicado que afecta a muchos elementos de su empresa, es vital que analice los datos y examine sus opciones.

- Embalaje. Los costes de envío más bajos suelen asociarse a un embalaje más ligero, pero hay que equilibrar el peso y la protección. El cartón, aunque es pesado, es más protector para muchas cosas que un envase de polietileno.

- Ubicación. ¿Quiere hacer un envío mundial, nacional o simplemente local? Sus productos y objetivos decidirán la respuesta, que puede evolucionar a medida que su empresa se expanda.

Contratar ayuda para su empresa.

Si crees que no tienes la habilidad o el tiempo necesarios, entonces es el momento de contratar a alguien para que te ayude a crear un negocio online. Para proyectos más complicados, como la creación de tu sitio web o el plan de marketing, es fácil contratar a un asistente virtual para tus tareas continuas y rutinarias. Fiverr es un gran lugar para empezar.

Seguimiento de la carga de trabajo de su nueva empresa.

Es hora de añadir un poco de gestión de proyectos para facilitarte la vida una vez que sepas bien lo que hay que hacer y quién va a hacer el trabajo. Para anotar, asignar y hacer un seguimiento de las tareas, considera el uso de una herramienta de gestión del tiempo como Trello o Asana. El software de gestión del tiempo es útil para mantener a los equipos en el buen camino, pero no pases por alto la importancia de la estructura para ti mismo.

- **Lanza tu negocio.**

En este momento has aprendido todo lo que hay que saber sobre el funcionamiento de un negocio próspero. Estás preparado para dar el último y más estimulante paso: ¡el lanzamiento! El trabajo que ha realizado anteriormente ha construido una plataforma sólida para su lanzamiento, concentrándose en la publicidad y generando su primera venta. Sin embargo, las estrategias a tener en cuenta, especialmente cuando se trata de establecer la tracción, podrían ayudar a que su lanzamiento sea aún más eficaz. Aunque el lanzamiento de cada negocio puede ser diferente, varios elementos podrían mejorar las ventas en los primeros días.

- Aprovecha tus relaciones. Anuncie su tienda, en primer lugar, utilizando los medios gratuitos a los que ya está expuesto, como sus propios perfiles en las redes sociales y su lista de contactos.

- El envío de correos electrónicos individuales solicitando ayuda, que puede ser tan esencial como una publicación en las redes sociales, puede ayudarte a crear tracción.

- Ofrezca descuentos si es posible. Los primeros clientes pueden ser recompensados con un código de descuento que se ajuste a sus márgenes de beneficio, lo que puede ayudarle a ganar tracción rápidamente, especialmente si su tienda es nueva y carece de reseñas de clientes o puntos de prueba social.

- Experimente con anuncios patrocinados. Los anuncios de pago pueden ser una de las técnicas más adecuadas para llegar a su público objetivo, incluso si empieza con un presupuesto mínimo. Las primeras pruebas pueden ayudarle a generar sus primeras ventas y a mejorar el éxito de sus anuncios a medida que se expande.

El viaje de tu vida.

Siempre es emocionante estar a punto de lanzar tu empresa. ¿Por qué? Muchos emprendedores nos han dicho que zarpar hacia lo desconocido les emociona; tienen mucho control durante las fases de planificación de la creación de un negocio en Internet, pero se encuentran en un terreno totalmente inexplorado una vez que salen al público. No es el concepto más tranquilizador, pero la llamada a la aventura es demasiado fuerte para ignorarla, así que responden a ella, a pesar de lo que diga su voz interior. Por eso admiramos tanto a los emprendedores: están dispuestos a arriesgarlo todo para perseguir sus objetivos. Aunque empezar un negocio es difícil, no hay que abandonar un plan que no se ha cumplido simplemente porque es difícil.

Sólo descubrirás quién puedes ser ahí fuera, en la región inexplorada de tu desarrollo personal.

Capítulo no.4

Iniciar un nuevo negocio en casa.

Un negocio desde casa atrae a muchas personas, sobre todo a las que quieren evitar los desplazamientos, tener independencia, ganar más dinero, poder pasar más tiempo con sus familias o tener más control sobre sus horarios de trabajo. Es posible lanzar un negocio sostenible y eventualmente rentable desde la comodidad de tu propia casa (como hicieron Steve Jobs y Mary Kay Ash). Sin embargo, es igualmente concebible lanzar una empresa que nunca despegue. Aunque la suerte desempeña un papel en el éxito, la principal diferencia entre las empresas caseras que tienen éxito y las que no lo tienen es el grado de compromiso que se tiene para hacerlo bien. Si alguna vez has tenido éxito con un negocio en casa (yo llevo cuatro años dirigiendo un negocio rentable de escritura independiente), sabes que la planificación es esencial. En un mundo perfecto, habrías leído libros sobre cómo hacerlo y habrías revisado blogs. Has hecho preguntas y recibido respuestas en foros profesionales. Te has unido a grupos de trabajo y has buscado la ayuda de otros. Aquí tienes algunas sugerencias que probablemente encontrarás una y otra vez a medida que avanzas.

1. Entrevistarse a sí mismo.

Serás tu jefe y empleado, así que elige con cuidado.

- ¿Es usted un seguidor del camino?

- ¿Piensas a fondo un nuevo proyecto antes de dedicarle tiempo y esfuerzo?

- ¿Te gusta relacionarte con la gente y aprender cosas nuevas?

Sí. Si no, siempre puedes mejorar tus habilidades o encontrar un socio comercial cuyos puntos fuertes puedan complementar los tuyos?

2. Estudiar la logística del autoempleo.

Si crees que tienes lo que hay que tener, tendrás que tener en cuenta las realidades del trabajo desde casa, como:

- ¿Dispone de espacio suficiente para trabajar, así como para almacenar el inventario, el equipo y las materias primas?

- ¿Puede obtener ayuda si tiene hijos u otros miembros de la familia que necesiten ser atendidos para poder dedicar algo de tiempo cada día al trabajo?

- ¿Tiene fondos suficientes para empezar? Incluso una empresa de residencia sin cuenta física tendría unos gastos iniciales de unos cientos de miles de dólares, como mínimo, licencias y permisos comerciales locales, seguro de responsabilidad civil profesional, un sitio web y tarjetas de visita.

Si no está seguro de las respuestas a alguna de estas preguntas, puede ahorrar tiempo, dinero y disgustos si las aborda antes de poner en marcha su empresa.

3. Crear un plan de negocio sencillo.

¿Cuáles son sus planes de venta? ¿Quién lo va a comprar? ¿Qué método utilizará para contactar con ellos? ¿Qué porcentaje de sus compras le harán a usted y cuánto gastarán? En términos de ventas brutas y beneficios netos, ¿qué puedes esperar? En Internet se pueden encontrar plantillas gratuitas de planes de negocio, como ésta de 100 Startup, y listas de comprobación, como ésta de la Small Business Administration.

4. Patos legales y financieros en fila.

Decida qué tipo de negocio quiere dirigir (lo más probable es que sea una empresa individual, pero hay otras opciones). Obtenga un permiso comercial local o del condado, así como un número de identificación de empleador del IRS (EIN). Se les pedirá que abran una cuenta corriente comercial, que financiarán con los fondos reservados para crear su empresa. (Necesitará el informe, para no acabar con un lío de fondos personales y corporativos a la hora de pagar los impuestos). También necesitarás tu EIN si quieres solicitar un permiso estatal de impuestos sobre las ventas. Para protegerte de posibles litigios, ahora es el momento de contratar un seguro de responsabilidad civil profesional. Si eres un proveedor de servicios, averigua qué forma de contrato con el cliente se espera en tu campo y crea tu versión.

5. Crear un sitio web.

Dado que la mayoría de la gente busca y navega en sus teléfonos, busque un servicio de alojamiento web que ofrezca plantillas de sitios optimizadas para móviles y tiempos de carga de páginas rápidos. Incluso si sólo se trata de una página de aterrizaje en la que los visitantes pueden inscribirse en su lista de correo electrónico. Por ahora, si desea vender cosas en su sitio web, su proveedor de alojamiento debería poder integrarse sin esfuerzo con una plataforma de comercio electrónico de alta calidad para que sus clientes puedan pagarle en línea de forma segura.

6. Cree una cuenta de correo electrónico profesional para usted.

Puede ser foxytiger@??.com para sus amigos, pero los posibles clientes potenciales quieren ver una dirección profesional basada en el nombre de dominio de su empresa. El alojamiento de correo electrónico no está disponible en todos los servidores web. Elija un alojamiento web (como HostGator) que incluya correo electrónico gratuito con su sitio web para facilitarle las cosas.

7. Preste atención a sus clientes potenciales.

Los negocios en casa con más éxito se esfuerzan por satisfacer las necesidades de sus clientes. Este paso es el paso del cero al infinito, y es esencial escuchar atentamente mientras planifica su primer producto o servicio. Pregunte sobre sus ideas y obtenga opiniones. Puede hacerlo en foros en línea, en las redes sociales y en el blog de su sitio web, si tiene uno.

8. Crear un producto mínimo viable.

Sí, usted es el activo más valioso de su empresa, pero esta es la fase del producto mínimo viable. Con tu producto, ¿qué puedes ofrecer a tu cliente que añada valor a su vida y que requiera una cantidad razonable de riesgo (en términos de tiempo y dinero) por tu parte? Tu MVP no será tu única oferta. Es simplemente un paso inicial para observar cómo funciona tu proceso de compra y obtener la opinión de los clientes sobre lo que querrían ver en tu próxima edición o producto.

9. Aumente sus esfuerzos de marketing.

Puede comercializar con clientes potenciales similares a sus consumidores actuales después de proporcionar un producto y una base de clientes. Su público objetivo determina los métodos de marketing específicos que debe emplear. ¿Utilizan Facebook o son lectores habituales de su periódico semanal gratuito? Empiece por decidir cómo le conocieron sus consumidores actuales y trabaje a partir de ahí.

10. Crear nuevos servicios o bienes.

Basándose en las opiniones de los clientes, puede ampliar o iterar su gama de productos. Comercialícelos con sus consumidores actuales y potenciales, y preste atención a lo que tienen que decir sobre cada nuevo artículo.

11. Revisar con frecuencia.

Tras el lanzamiento de su MVP, hágase siempre algunas preguntas sobre su negocio en general. Hazlo también cada vez que lances un servicio o un producto diferente.

- ¿Cree que está progresando?

- ¿Su empresa es rentable o está a punto de serlo?

- ¿Crees que serás capaz de soportar la carga de trabajo?

- Actualiza tu paquete de alojamiento web o reconstruye tu sitio web.

- ¿Tienes una buena relación de trabajo con tus clientes?

Capítulo no.5
Las empresas más rentables en 2022.

¿Quiere crear un negocio rentable? Algunas personas se adentran en el mundo empresarial con la certeza de qué mercado quieren conquistar y qué empresa quieren crear. Sin embargo, puede ser un reto para los emprendedores averiguar cómo crear un negocio y la combinación más excelente. Es un reto dar con la noción correcta.

Una lista de los pequeños negocios más lucrativos, Cada una de estas empresas está aumentando rápidamente y podría presentarle un buen medio de vida. Y lo que es mejor, ninguna de ellas necesita un compromiso inicial importante. Usted puede desarrollar una de estas empresas de éxito con la combinación perfecta de trabajo duro, paciencia e ingenio.

Las pequeñas empresas más rentables.

La mayoría de estas empresas de mayor éxito, aunque no todas, se engloban dentro de las ideas de negocio en línea debido a las mejoras técnicas. También hay planes para guarderías, servicios B2B y empresarios que desean llevar sus empresas a la calle. No quiere decir que cualquier concepto de empresa que se te ocurra no vaya a ser lucrativo, pero si estás buscando un punto de partida, esta tabla de las pequeñas empresas más exitosas es un lugar fantástico para empezar:

1. Reparación de automóviles.

Puede ser difícil llevar el coche al taller para una reparación, aunque sea mínima. Dependemos de nuestros automóviles para desplazarnos, por lo que arreglar un vehículo con frecuencia puede implicar una espera en el taller, o alquilar un coche para el día, o coordinar un viaje con un colega o compañero. Estas soluciones son a la vez costosas y difíciles. Aunque determinados procedimientos de reparación pueden exigir el uso de maquinaria de reparación de automóviles, muchos servicios y revisiones pueden realizarse con unas pocas herramientas sencillas. Si usted es un mecánico competente, una de las ideas empresariales más exitosas es crear un servicio móvil de reparación de vehículos. Los cambios de aceite, la reposición de líquidos, el cambio de celdas, la sustitución de faros y otras tareas de mantenimiento pueden realizarse en la entrada del cliente o en el aparcamiento de la empresa.

2. Camiones de comida móviles.

Se prevé que el sector de la comida callejera siga desarrollándose. A medida que aumenta el coste de la vida en las grandes ciudades del país, resulta cada vez más difícil para los nuevos fabricantes de comida especializada financiar un local en el centro de la ciudad, donde es más probable que estén sus clientes. Los camiones de comida son una gran respuesta. Se puede empezar por salir a la carretera e instalarse en festivales locales, mercados agrícolas y plazas públicas para atraer a la gente. Con los costes baratos de un food truck y su mayor movilidad geográfica, puede convertir la famosa receta de albóndigas de su abuela o ese extraño concepto de postre en una empresa viable.

Recuerde que las zonas más importantes y de moda, como San Francisco, Londres y Cambridge, ya tienen un sector de camiones de comida congestionado, por lo que una metrópolis más pequeña del centro podría ser una mejor opción. Los vendedores de alimentos también tienen su propio conjunto de regulaciones, licencias comerciales y normas de cumplimiento de seguridad, así como la necesidad de un seguro de fabricación de alimentos, así que consulte con su centro médico local para ver lo que es necesario.

3. Servicios de lavado de coches.

Las empresas de lavado de vehículos portátiles son las siguientes en nuestra lista de empresas más rentables. Mucha gente estaría dispuesta a pagar una prima por un lavado móvil de vehículos que viniera a ellos en lugar de tener que cruzar la ciudad para llegar a un lavado de coches. Esto es especialmente cierto para las personas que poseen automóviles de alta gama y desean una atención más individualizada. Usted no puede beneficiarse de la propuesta de valor única de ser portátil como negocio de lavado móvil de coches y de detallado de vehículos. Sin embargo, también se ahorrará los enormes gastos generales y la inversión inicial de tener una instalación permanente. ¿Quiere producir sus servicios móviles para coches pero no sabe por dónde empezar? Hay kits de inicio de limpieza de automóviles e instrucciones disponibles en varios mayoristas en línea para aquellos interesados en crear su propia empresa en esta industria especializada. También puede leer más sobre cómo montar un concesionario de coches.

4. Reparación de productos electrónicos.

Los estadounidenses están intrigados por la tecnología hoy en día. Debido a esta omnipresente adicción digital, los clientes necesitan ayuda lo antes posible cuando algo va mal. Por ello, los servicios de reparación de dispositivos inalámbricos escasean y pueden convertirse pronto en una de las pequeñas empresas de mayor éxito. Esta empresa puede ser la respuesta a todas las pantallas de iPhone, tarjetas WiFi y baterías de ordenador dañadas. Además, si estás dispuesto a desplazarte hasta tu cliente, serás aún más rentable. Las tiendas de Apple y otras empresas de electrónica han sido reprendidas recientemente por las largas colas de clientes, lo que podría ayudar a los proveedores de móviles. Dicho esto, aunque un negocio de fontanería de electrónica transportable tiene algunos gastos en la adquisición de suministros. Puede evitar los elevados gastos generales de un local fijo, lo que le ofrece una estrategia de marketing de servicios aún más lucrativa.

5. **Apoyo informático.**

Mientras que dos tercios de los estadounidenses creen que son electrónicos, lo cierto es que buscan asistencia con regularidad. Algunas personas hacen que sus ordenadores u otros aparatos electrónicos sean vulnerables al fraude de identidad y a los delincuentes. Por desgracia, la asistencia telefónica gratuita de los fabricantes suele ser inútil o no repara el problema cuando las cosas van mal. Si la tecnología se le presenta fácilmente -y tiene paciencia-, el sector más exitoso para usted podría ser el de los servicios informáticos móviles, al menos en su barrio. Este modelo de empresa con pocos gastos generales es esencialmente pura ganancia porque todo lo que necesitas es tiempo, equipo y tu propio entendimiento.

6. **Entrenadores personales.**

Actuar para un importante gimnasio corporativo no es esencial para transformar tu amor por el fitness en una carrera, ni tampoco es necesario que tu sitio entrene a personas. Lleva tu espectáculo de entrenamiento a la carretera con unas cuantas mancuernas, cuerdas y esterillas de yoga en el maletero del coche. Ofrezca otra cita en casa de sus clientes u ofrezca cursos en grupo en un parque o centro comunitario cercano para convertirse en entrenador personal. Hacer que el ejercicio sea más accesible para su público puede ser la clave para lograr ambos objctivos. Los negocios de fitness y bienestar están ganando en popularidad a medida que los estadounidenses empiezan a comer más inteligentemente y a hacer más ejercicio. Los entrenadores personales y los gimnasios se están convirtiendo en algunas de las empresas de mayor éxito.

7. Servicios para recién nacidos y madres primerizas.

Los millennials retrasan la maternidad más que las generaciones anteriores, pero siguen queriendo tener hijos: 1,2 millones de millennials fueron madres primerizas en 2016. Por ello, la necesidad de negocios centrados en los niños está aumentando. Esto será con servicios postnatales y relacionados con el recién nacido. Esto incluirá una demanda de doulas y consultores de lactancia. Este servicio ha aumentado entre las nuevas madres, y ambos negocios tienen unos requisitos generales relativamente modestos más allá de la escolarización y la certificación. Esto significa que estas profesiones podrían convertirse en una de las empresas más rentables para empezar.

8. Actividades de enriquecimiento para niños.

Los recortes presupuestarios en educación han afectado a los temas académicos y de enriquecimiento tradicionales, como la música, el arte y el atletismo. Como resultado, más padres buscan actividades de enriquecimiento fuera de la escuela en empresas privadas. Debido a esto, una instalación de gimnasia, o una escuela de música, ser instructor de natación, profesor de yoga para niños, u otra actividad centrada en los niños podría ser una de sus empresas más rentables en el futuro. Puedes tener un buen negocio en ciernes si tienes una habilidad que se enseña fácilmente a los niños pequeños.

9. Aplicaciones móviles y entretenimiento para niños.

Sin embargo, si sus aficiones se centran más en la tecnología o el entretenimiento, debería considerar la posibilidad de dirigir sus tecnologías al grupo demográfico más joven. Las investigaciones demuestran que la demanda de tabletas, aplicaciones y entretenimiento móvil por parte de los niños aumenta a pesar de los consejos de los expertos. Es el momento de poner en marcha su brillante concepto para la próxima generación. Convierta las aplicaciones y el entretenimiento para niños en un negocio potencialmente exitoso.

10. Vestirse de la misma manera y con los mismos accesorios.

Esta tendencia ha creado algunas perspectivas de negocio menores para estas empresas. Esto ha llevado a prestar o alquilar prendas y accesorios por una fracción del coste de comprarlos nuevos. Y como la misma prenda puede generar ingresos varias veces, estos negocios pueden obtener beneficios rápidamente. ¿Le gusta a la gente su sentido del estilo? ¿Presta prendas que actualmente no están disponibles a través de otros servicios de alquiler? Tal vez tenga lo que hay que tener para ser la próxima gran cosa. Aunque no estés preparado para crear hoy una empresa de moda multimillonaria, aún puedes beneficiarte de la moda compartida a nivel local. Antes del próximo baile formal en tu ciudad, reúne algunos accesorios u opciones de vestuario preferidas y organiza una fiesta de préstamo para estudiantes de secundaria. Los bailes formales de la vida griega son otra forma excelente de beneficiarse de la moda de economía compartida si vives en una ciudad universitaria. Puedes ser incluso más rentable que las grandes firmas porque no tienes que preocuparte de los gastos de envío.

11. Equipos de mejora del hogar que se comparten entre los clientes.

¿Es usted el hombre o la mujer del vecindario que se encarga de todas las herramientas imaginables para el césped, el jardín y la reparación del hogar? ¿Por qué no convertir esos favores en un negocio lucrativo anunciando su equipo accesible a personas que no pertenecen a su círculo de amigos? Incluso podría decidir gastar más dinero en equipos más especializados y caros que beneficien a las personas de su entorno. Integre su arrendamiento de instrumentos con un servicio de mantenimiento móvil para obtener aún más dinero en el banco si un consumidor no sabe cómo utilizar el equipo específico. A medida que más individuos invierten en casas de reparación y flipping y necesitan equipos y asistencia, esto podría ser una oportunidad masiva como una de las ideas de negocio más exitosas.

12. Alquileres de vacaciones.

Airbnb y VRBO han hecho que sea más fácil que nunca ganar dinero con su casa de vacaciones infrautilizada, o incluso con la habitación libre de su casa. Además, ser anfitrión de Airbnb no es tan sencillo como parece. La demanda de este tipo de alquileres no ha hecho más que aumentar en los últimos años y no tiene fin. Debido a esto, si usted reside en un sitio turístico popular, puede ganar dinero fácilmente sólo alquilando una habitación de su casa a los visitantes.

13. Los cursos académicos son el número trece.

De nuevo, gracias a los avances tecnológicos, los emprendedores online están creando algunas de las empresas más rentables impartiendo cursos a través de plataformas educativas o en sus sitios web. Como resultado, puedes empezar con lo académico tradicional, proporcionando formación complementaria en línea sobre lectura, aritmética, ciencias o historia a nivel de grado, así como preparación para exámenes estandarizados. Incluso puede desarrollar un curso de repaso para los padres que ayudan a sus hijos con los deberes de matemáticas. Las posibilidades son realmente ilimitadas si tienes inventiva. Los estudios académicos no tienen por qué terminar cuando te gradúas en el instituto o incluso en la universidad. Para compartir tu pasión por la historia política, la teología budista o la ciencia de los cohetes, puedes desarrollar un curso online. Si te apasiona algo, lo más probable es que a alguien también le apasione.

14. Cursos de idiomas.

La gente del mundo busca aprender idiomas a medida que la comunicación mejora y las fronteras se difuminan. Tanto si se acude a la educación en línea con un gran dominio del inglés como si se tiene un gran conocimiento del swahili, seguro que hay alguien que quiere aprender un idioma de usted. También es probable que estén dispuestos a pagar por ello. Si habla los idiomas más demandados, como el árabe, el español y el mandarín, puede tener un negocio lucrativo entre manos. Una sesión de enseñanza de idiomas en línea podría ser una de las ideas de negocio más rentables si eres competente en un idioma poco común o muy hábil en la enseñanza de un idioma más conocido.

15. Cursos de negocios o marketing.

¿Qué talentos y lecciones has tenido que aprender en tu propio negocio o carrera por las malas? Por desgracia, aunque los títulos de artes liberales pueden formar a pensadores críticos, muchos graduados universitarios carecen de habilidades comercializables que puedan ayudarles a tener éxito en los negocios. Llenar esas lagunas con tus conocimientos podría ser una de las mejores ideas de pequeños negocios que puedes empezar con un poco de inversión inicial. A través de un curso online centrado en el B2B, puedes compartir tus conocimientos y experiencia con otros empresarios. La contabilidad, el software contable QuickBooks, el desarrollo web con WordPress, el diseño gráfico, la creación de una buena propuesta para el cliente e incluso la redacción de una carta de presentación o un currículum que llame la atención son temas muy populares en los cursos.

16. Cursos en una variedad de intereses diferentes.

Aunque muchos cursos están pensados para ayudar a los estudiantes a avanzar en su educación o en sus perspectivas profesionales o para fomentar cambios sustanciales en la vida, puedes crear fácilmente un sistema en línea en torno a cualquier afición o interés. ¿Te interesa la caligrafía o la elaboración de cerveza artesanal? ¿Cree que domina un determinado videojuego? Incluso para los propietarios de negocios, hay cursos en línea disponibles. Puede utilizar uno de estos cursos para lanzar su propio negocio de cursos en línea o cualquier otra gran idea de pequeños negocios de nuestra lista.

Por último, pero no menos importante.

Para los propietarios de pequeñas empresas, sectores como la tecnología sanitaria, las finanzas y la fabricación de productos pueden dominar el mercado de valores y la economía de Fortune 500, pero no siempre son las opciones más rentables o accesibles. En cambio, muchas de las mejores empresas para los emprendedores primerizos serán sencillas de establecer, tendrán gastos iniciales baratos y aprovecharán la demanda o las tendencias del mercado. En nuestra lista de los pequeños negocios más lucrativos hay muchas ideas que se adaptan a una amplia gama de conocimientos y gustos de los propietarios de negocios. Elija la idea ganadora para usted, comience a planificar y ponga las cosas en marcha, y antes de que se dé cuenta, estará cosechando las recompensas de una empresa de gran éxito.

Conclusión:

A muchas personas les intriga el espíritu empresarial, pero entender cómo lanzarse puede dar miedo. ¿Qué debe poner en el mercado? ¿A quién debe ofrecer sus productos? ¿Qué enfoque utilizarás para atraer a los clientes?

Por si fuera poco, parece que hay un nuevo movimiento empresarial en línea dos veces al mes. Los chatbots, el marketing de Facebook, los influencers de Instagram y una plétora de posibilidades adicionales son accesibles. ¿A qué deberías estar atento? ¿Qué es lo que importa? Controla el estrés y empieza a hacer el trabajo para que suceda si te apasiona crear un negocio. En este libro le guiaremos a través del proceso de lanzamiento de un negocio en 2021. La planificación, la negociación de las decisiones financieras, la realización de estudios de mercado y el desarrollo de habilidades en áreas que nunca pensaste aprender son sólo una parte del proceso de comenzar un negocio. Esta guía del proceso de apertura de una empresa ha sido diseñada para ayudarle a poner su mejor esfuerzo en este momento.

Serie: Riqueza 2022
1. Emprendimiento en línea.
2. Empezar tu propio negocio
3. Gestión de la riqueza
4. Ingresos pasivos.

www.ingramcontent.com/pod-product-compliance
Lightning Source LLC
Chambersburg PA
CBHW070259220526
45465CB00004B/1670